AF463425

BIBLIOTHÈQUE

DES ÉCOLES ET DES FAMILLES

NECKER

PAR

J. GIRARDIN

LIVRE DE LECTURE A L'USAGE DES ÉCOLES

ET DE LA CLASSE PRÉPARATOIRE

des lycées et collèges

PARIS

LIBRAIRIE HACHETTE ET Cie

79, boulevard Saint-Germain, 79

BIBLIOTHÈQUE

DES ÉCOLES ET DES FAMILLES

NECKER

PAR

J. GIRARDIN

DEUXIÈME ÉDITION

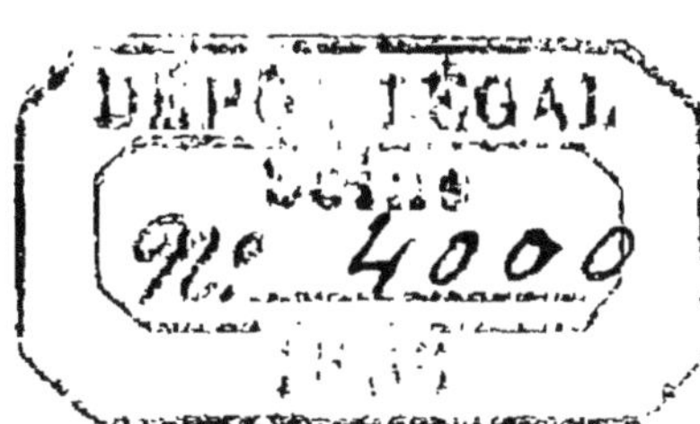

PARIS

LIBRAIRIE HACHETTE ET Cie

79, Boulevard Saint-Germain, 79

1885

NECKER

NECKER

MINISTRE. — ÉCRIVAIN. — HOMME PRIVÉ.

Il y a une faculté naturelle qui fait deviner en affaires le moment précis de l'action, en littérature le point de maturité d'une idée, sa forme nécessaire et son juste développement; cette faculté, qui est celle des hommes d'une résolution énergique et d'un goût infaillible, c'est-à-dire des grands politiques et des grands écrivains, Necker ne l'avait que par intervalles. Il semble que l'indécision ait été la partie faible de cette âme si grande par certains côtés, si noble, si désintéressée, si élevée au-dessus des intérêts vulgaires; le manque de goût a aussi relégué au second rang cet esprit que sa fécondité, son étendue, sa finesse et sa pénétration appelaient au premier.

I

Comme ministre, Necker est jugé depuis longtemps. On s'accorde à le placer au premier rang après les hommes de génie. Son premier ministère dura cinq ans, de 1776 à 1781. Les circonstances, quoique difficiles, ne mettent pas encore au jour l'indécision de son esprit ; elles lui donnent, au contraire, occasion de déployer ses éminentes qualités. Il s'est fait à lui-même un idéal du ministre honnête homme, et il y conforme sa conduite, coûte que coûte, et jusqu'à la limite extrême de ses forces. Par pur amour de l'humanité et du bien public, il consent à risquer à l'essai une réputation toute faite, sur laquelle il aurait pu vivre comme tant d'autres, qui embrassaient tous les temps dans leurs spéculations abstraites, sans se soucier jamais d'affronter les difficultés de l'application, de peur de se compromettre et de donner leur mesure. Sans doute, il aurait pu mettre dans tous ses actes moins de solennité, d'emphase et de sentimentalité. Cependant, comme ces défauts, particuliers à l'esprit de Necker, appartiennent aussi à l'esprit public de son temps, ils ne font pas encore trop saillie sur le niveau général. Comme, d'un autre côté, les talents administratifs de l'homme sont reconnus même de ses ennemis, que son désintéressement est proverbial, qu'il introduit les réformes les plus urgentes et retarde l'explosion s'il ne peut l'empêcher, sa popularité est immense et méritée. S'il n'a pas l'héroïsme qui dompte la fortune dans les grandes crises, il a le courage de tous les jours, moins brillant, mais plus utile. Si quelques libelles dont il a le tort de se préoccuper, viennent troubler son bonheur, il a pour lui l'estime et l'approbation, non seulement des classes opprimées qu'il soulage autant qu'on le pouvait faire, mais encore des classes supérieures, qui se piquent volontiers d'un libéralisme spéculatif. La publication des « comptes rendus » fait autorité en matière de finances, et offre le double avantage de dégager la responsabilité des ministres honnêtes et de gêner les fripons. L'introduction du sentiment dans la conduite et dans le langage des affaires est aussi une nouveauté qui lui gagne tous les cœurs « sensibles », pour employer le langage de l'époque. Les femmes surtout raffolent du *système ;* et un mauvais plaisant, pour s'être permis quelques railleries sur le compte de Necker, fut souffleté, en plein jardin des Tuileries, par une jeune enthousiaste.

Lorsque les tracasseries de M. de Maurepas le forcent à quitter le ministère, en 1781, sa popularité s'accroît de cette disgrâce que chacun juge imméritée. La France tout entière s'attriste de cette retraite qui, dans la disposition des esprits, paraît d'un sinistre présage. Les plus grands personnages se font un devoir d'aller à Saint-Ouen visiter le ministre en disgrâce. C'est l'archevêque de Paris, ce sont les Biron, les Beauvau, les Richelieu, les Choiseul, les Noailles, les Luxembourg. Les souverains étrangers lui envoient des lettres de condoléance. Joseph II, Catherine II, la reine de Naples, lui offrent la direction de leurs finances. Il refusa toutes les offres et attendit les évènements.

De 1781 à 1788, époque où Necker fut rappelé au ministère, les idées nouvelles avaient fait bien du chemin. On sentait vaguement que les réformes partielles ne suffiraient pas, et qu'il en faudrait venir à des mesures nouvelles, derrière lesquelles on pressentait l'inconnu, que l'on n'envisage jamais sans effroi. Necker lui-même n'a plus confiance, et, au moment où il reçoit la nouvelle de son rappel, il s'écrie devant sa fille : « Ah ! que ne m'a-t-on donné ces quinze mois de l'archevêque de Sens ! à présent, *c'est trop tard !* » Il déclare au roi que si l'état présent des affaires demande un

Richelieu, il n'est plus l'homme qu'il lui faut. C'est ici que sa vue se trouble et que s'accuse nettement l'indécision de son caractère. Lorsque le projet de conciliation minuté par Necker pour la séance royale du 23 juin eut été dénaturé par l'entourage du prince, c'était le cas pour lui de prendre nettement son parti, c'est-à-dire, ou de suivre le roi quand même jusqu'au bout, en brûlant ses vaisseaux, ou de se retirer du ministère. Il se contente de protester par son absence, tout en conservant ses fonctions ; et le peuple lui fait une ovation qui est surtout une protestation contre la royauté. Necker s'y trompe, et se croit plus populaire qu'auparavant : il nourrissait le vain projet de se concilier tout le monde, et peu à peu tout le monde se détache de lui. Le roi le sacrifie le 11 juillet, et le rappelle quelques jours après sous la pression de l'opinion publique. Necker revient, mais en protestant que tout est perdu et en écrivant à son frère : « Il me semble que je vais rentrer dans le gouffre. » Il lui suffit d'être exilé par la cour pour être plus populaire que jamais ; mais le jour même de cette rentrée triomphale, qu'on lui a tant reprochée, commence la décadence. Ses ennemis, Mirabeau en tête, vont faire le siège en règle de sa popularité.

Son troisième ministère n'est plus qu'une lutte stérile et pénible à voir. Retranché dans le rôle ingrat de censeur des deux partis, il s'isole de plus en plus : on tire sur lui des deux camps. La cour, qui ne le ménageait plus que pour sa popularité, le tient de plus en plus à distance à mesure que sa popularité va décroissant, et les chefs du parti populaire qui comptaient avec lui à cause de son influence auprès de la cour, qui l'auraient volontiers accepté comme « intendant », mais pas du tout comme « censeur », non seulement ne vont plus à lui, mais n'accueillent désormais ses avances qu'avec une froideur de mauvais augure. Marmontel, qui fréquentait encore à cette époque les salons du ministère, a gardé un pénible souvenir des empressements du ministre, et de la raideur malveillante des députés du tiers. En 1790, Necker, sérieusement menacé, se retira à Coppet pour n'en plus sortir.

Tombé du pouvoir, il se recueille dans la solitude, et reporte sans amertume sa pensée sur le temps de sa puissance et de sa popularité. C'est ainsi qu'il a composé ses *Considérations sur la Révolution française*, ouvrage qui n'est à proprement parler que l'exposé de ses vues et l'apologie de ses actes. C'est un livre ennuyeux, comme presque toutes les apologies, mais il est intéressant comme étude psychologique ; on y voit à plein le vrai caractère de l'homme, ses vœux, ses espérances, ce mélange un peu confus d'honnêteté, de bonté, d'attendrissement exagéré et de vanité naïve, qui lui fait voir après coup son rôle, non précisément tel qu'il l'avait joué, mais tel qu'il avait rêvé de le jouer.

« Le roi, dit-il, lorsqu'il nomma l'archevêque de Sens, avait songé un moment à moi; s'il avait persisté, rien de ce que nous avons vu ne serait arrivé! » Illusion d'une âme noble et vaillante! on pouvait tout au plus éviter quelques chocs : il n'était plus au pouvoir de personne d'arrêter la marche de la révolution française.

La prétention avouée de Necker est de n'avoir pas commis une seule faute. Est-ce de sa part orgueil intraitable ou morgue de doctrinaire, comme on l'a souvent prétendu? Pour moi, je ne le pense pas. Je crois voir dans cette insistance un peu fatigante l'effort d'un esprit irrésolu jusque dans l'appréciation du passé, à qui sa conscience ne reproche rien, qui sent peut-être vaguement qu'on peut être honnête et maladroit, et qui, ayant besoin de ne pas le croire, répète à chaque page que cela ne peut être et que cela n'est pas. Toute son argumentation, en effet, se réduit à ce raisonnement : Plus je sonde ma conscience, plus je reconnais que j'ai toujours pris le parti le plus honnête; donc je n'ai jamais été maladroit.

Assurément la politique ne se doit jamais séparer de la morale, mais la morale sans habileté ne suffit pas; l'habileté même, celle qu'avait Necker, celle qui consiste à considérer un fait sous tous ses aspects, pour ne se décider qu'après mûre réflexion, n'empêche pas les erreurs. Il y a dans certains faits quelque chose qui est si fort au-dessus de la prudence humaine, qu'il faut comme une seconde vue, qui découvre, à la lueur d'une vive et subite intuition, le moment précis d'agir, passé lequel les évènements sont plus forts que les plus grands hommes.

II

Necker, écrivain, a été très fécond et très varié. Le recueil complet de ses œuvres formerait un ensemble d'une quinzaine de volumes. Il s'est exercé avec un succès fort inégal sur l'économie politique, la métaphysique, la morale religieuse, l'histoire, la politique. Il a laissé un petit roman qui ne donne pas une haute idée de sa faculté de création, et quelques comédies de société qui sont restées en portefeuille. On a dit de son style qu'il ne fallait pas l'imiter, mais qu'il fallait l'entendre si l'on ne voulait pas être privé d'une foule de vérités neuves et utiles. Sa langue, en effet, n'a ni la sérénité, ni la mesure parfaite, ni la force qui caractérise celle des grands écrivains; elle n'a ni tradition ni discipline, et si parfois elle innove heureusement, le plus souvent elle s'élance en dehors des routes connues sans en frayer de nouvelles. Envoyé de Genève à Paris à l'âge de quinze ans, pour s'y appliquer au commerce, il fit peu ou point d'études régulières, se forma sans guide, par la méditation solitaire, et, plus tard seulement, par la fréquentation habituelle des écrivains du dix-huitième siècle. Or ces écrivains ont bien assurément leur mérite, mais la plupart ne sont pas pour servir de modèles.

Sa manière change tellement d'une époque à une autre, et d'un écrit à un autre écrit, qu'on a pu le comparer successivement à Thomas, à Buffon, à Fontenelle, à Marivaux, et à d'autres encore, sans compter que dans bien des cas on n'a pu le comparer qu'à lui-même, et qu'on l'a trouvé parfois d'une remarquable originalité. Ce qui le rapproche de Thomas, son plus ancien ami littéraire, c'est une monotonie et une pompe continue dans le style noble, qui se remarque surtout dans ses écrits économiques et politiques. C'est une maladie à laquelle sa nature le prédisposait, et qu'il a pu gagner facilement par contagion. On s'explique très bien ce défaut quand on sait, par les confidences mêmes de sa fille, madame de Staël, que Necker, très préoccupé de l'harmonie du style, relisait tout haut dans sa chambre chaque morceau, à mesure qu'il venait de le composer. Mais ce qui est bien à lui-même en ce genre, c'est une sorte d'onction qui parfois donne un charme pénétrant à son style, parfois tourne aux larmes et va jusqu'à attrister et à assombrir la pensée.

Ce qui l'a fait comparer à Fontenelle et à Marivaux, c'est une grande finesse d'observation, un tour ingénieux et une extrême précision dans l'art délicat de rendre les nuances.

« On pourrait, dit-il, se former une idée du principal caractère d'un homme en remarquant seulement les mots parasites qui lui échappent habituellement. *Franchement* est un mot souvent employé par une personne dissimulée; *Sans façon*, par un homme exigeant. Le flatteur dit à tout propos : *On peut me croire;* l'homme méticuleux : *Parlons net;* le pointilleux : *Qu'importe?* On pourrait, en s'amusant, varier beaucoup ces exemples. J'ai connu un long discoureur qui, voulant cacher ce défaut aux autres et à lui-même, disait *Enfin*, dès la première phrase. »

Necker avait, dans sa conversation et dans

ses lettres, de ces saillies heureuses qui, sous une forme piquante et spirituelle, résument et jugent une situation. Vers 1802, les paysans du pays de Vaud brûlèrent les titres des propriétés seigneuriales, et le gouvernement, après cette insurrection, demanda aux propriétaires des titres incendiés une sorte de rapport officiel sur ce qui s'était passé. Necker, alors retiré à Coppet, répondit : « Je n'ai rien de particulier à dire contre eux : ils se sont conduits avec décence, *le genre admis.* » Fine critique des gouvernants qui avaient laissé « admettre le genre ».

Le même homme en qui l'on trouve cette veine légère de raillerie et de sarcasme, a fréquemment rencontré dans ses écrits de *morale* des accents touchants et de ces mots heureux qui portent coup.

« Les degrés du bonheur, écrivait-il, ne sont pas déterminés par le rang qu'on occupe dans l'ordre social. Nous marchons tous vers un but, et quand nous y sommes parvenus, nous en cherchons un autre. « Je serai content si je puis arriver là, » disent presque tous les hommes au moment où ils disposent en imagination du domaine de l'avenir. Mais ce terme n'est point un gîte permanent, ni un lieu de satisfaction et de repos. Nous le croyons tel à distance; mais quand nous y sommes arrivés, nous voyons que c'est une simple hôtellerie, et, après une courte halte, nous demandons des chevaux pour aller plus loin. »

Ce coup d'œil sérieux et profond sur la vie humaine est d'une âme élevée et d'un esprit clairvoyant. La langue de ce passage est excellente, à la fois pleine, simple et expressive. Il ne tient qu'au lecteur de déduire des réflexions de Necker les véritables conditions du bonheur tel qu'il est possible sur la terre. L'auteur lui-même, dans ses dernières années, a repris cette pensée qui lui tenait au cœur, et l'a rendue plus particulière et plus frappante sous cette dernière forme : « Lorsque la nature vous a fait naître dans un état médiocre, loin d'envier les grandes richesses et les premiers honneurs, bénissez votre destinée. Tous les travaux ont alors un intérêt pour vous. Le plus léger progrès dans votre fortune vous donne du plaisir, et vous pouvez, en allant à petits pas, faire toute votre vie la route de l'espérance. » *La route de l'espérance!* Quelle heureuse et charmante expression, et comme elle concentre en un mot vrai, éloquent et heureusement trouvé, toute la force et tout le charme de la pensée !

Mais Necker ne s'en est pas tenu aux pensées générales, comme les moralistes littérateurs; il est descendu au détail il s'est attaché à chercher des consolations pour toutes les douleurs, des conseils pour toutes les situations. Descendons même plus bas que les douleurs sérieuses, nous trouverons des maximes comme celle-ci, pour nous apprendre à supporter les contrariétés : « Un moyen de supporter la plupart des contrariétés, c'est de songer qu'un malheur véritable a peut-être été prévenu par l'accident dont on se plaint. » — Je trouve plus loin ce conseil si humain et si généreux : « Si le temps de la réparation est passé, ne dites jamais à un homme qu'il s'est mal conduit dans cette occasion. N'a-t-il pas assez de son repentir ? »

Les pensées de cet ordre élevé abondent dans son *Cours de morale religieuse*, surtout dans les chapitres ou sermons sur le *meurtre*, l'*indulgence*, la *vieillesse*, la *jeunesse*. Madame de Staël ne tarit pas sur ce dernier ouvrage; elle en dirait volontiers ce que madame de Sévigné disait un jour des écrits de Nicole : qu'on y trouvait tout, et qu'elle ne désespérait pas d'y découvrir quelques raisons de ne point maudire la pluie. Nous n'acceptons pas sur ce sujet toutes les opinions de madame de Staël, témoin évidemment partial, mais nous souscrivons volontiers à cet éloge de Chateaubriand : « En exceptant Grey et Hervey, dit-il dans ses *Mélanges littéraires*, je ne connais parmi les écrivains protestants que M. Necker qui ait répandu quelque tendresse sur les sentiments tirés de la religion. »

Mais le plus beau titre littéraire de Necker, ce ne sont pas ses écrits, c'est l'avènement du génie si original et si neuf de madame de Staël. En effet, madame de Staël procède bien évidemment de son père, non seulement parce qu'elle tient de lui la plupart de ses idées, et qu'elle n'a fait que les transporter de la région du talent dans la région du génie où elles ont pris plus d'éclat et plus de grandeur; non seulement parce qu'elle a été élevée par lui et par sa mère avec le plus grand soin, dans une atmosphère de noblesse morale et intellectuelle, mais encore parce que Necker, en travaillant à l'avancement de son propre esprit et de son propre cœur, préparait, en vertu des lois mystérieuses de la nature, la grandeur intellectuelle et morale de son enfant, bien longtemps même avant qu'elle fût née. Il faut, dit-on, trois générations pour faire un parfait gentleman; il en fallait bien au moins deux pour faire un écrivain de génie comme madame de Staël.

III

La vie privée de Necker a été la pratique non interrompue de toutes les vertus domestiques; on peut dire qu'à cet égard ce n'est pas une des moindres singularités du dix-huitième siècle. Les gens y parlent très volontiers du devoir et de la vertu; il n'est pas de mots qu'on y prononce plus souvent, si ce n'est celui de philosophie. Mais bien peu accomplissent strictement les obligations de la vertu et du devoir. Necker, dès le début, les prit toutes au sérieux et les remplit toutes. Sa jeunesse s'était écoulée, silencieuse et un peu triste, dans les bureaux du banquier Thélusson, dont il était devenu l'associé. Il y fit une fortune considérable, qu'il aurait pu accroître indéfiniment, mais à laquelle il mit volontairement des bornes, par dégoût de consacrer sa vie tout entière à gagner de l'argent. Le grand évènement de sa vie est son mariage avec mademoiselle Curchod, de Genève. La famille Curchod, très connue et très estimée, avait perdu toute sa fortune à la révocation de l'édit de Nantes. La future madame Necker avait étudié pour être institutrice; c'était une personne délicate, qui avait plus de fraîcheur que de beauté, et plus de qualités sérieuses que de charme. Mais elle était bonne, loyale, et demeura toujours inviolablement attachée à ses devoirs. Gibbon avait paru pendant quelque temps songer à en faire mistress Gibbon; il ne donna pas suite à ce projet. C'est alors qu'une amie commune, la belle madame Vermenoux, mit en présence mademoiselle Curchod et Necker; ils se trouvèrent en si parfaite communauté de vues et de sentiments qu'ils se marièrent quelque temps après.

On citerait à toute époque, mais on remarque surtout en plein dix-huitième siècle ce ménage si uni et si heureux, ce respect religieux des liens de famille, ce culte si sincère du foyer domestique. Madame Necker, à cause du tour sérieux de son esprit, et d'une certaine raideur qu'elle ne perdit jamais, n'eut pas le don de plaire à tout le monde. Mais ceux qui l'aimaient ne l'aimaient pas à demi. Je n'en veux pour preuve que l'attachement inaltérable de son mari et l'amitié si fidèle et si touchante de l'honnête Thomas. Sénac de Meilhan l'appelle avec une insolence dédaigneuse « une espèce d'érudite, qui avait eu besoin de s'instruire pour subsister ». Madame de Staël ne dissimule pas la préférence qu'elle donne à son père sur sa mère, dont elle parle sans grande affection. Elle rend bien justice à son mérite, à son instruction, mais elle répète trop volontiers que sa mère, « élevée dans les montagnes de la Suisse, manque de grâce et de goût ». Marmontel, l'ami de madame Necker, qu'il préfère à son mari, lui accorde les mêmes qualités de candeur et de loyauté, et lui reproche de même son manque de tact et de grâce. C'est dans un bal bourgeois qu'il fit sa connaissance. « Elle était jeune alors, assez belle et d'une fraîcheur éclatante, dansant mal, mais de tout son cœur. » Comme elle se composait un salon littéraire sur le modèle de celui de madame Geoffrin, pour y faire connaître et apprécier son mari, elle choisissait à droite et à gauche ceux qu'elle jugeait dignes d'y figurer. C'est elle qui alla au-devant de Marmontel. Ce dernier devint bientôt un des commensaux familiers de l'hôtel Necker.

Voici ce qu'il dit de la maîtresse du logis après l'avoir bien connue : « Étrangère aux mœurs de Paris, madame Necker n'avait aucun des agréments d'une jeune Française. Dans ses manières, dans son langage, ce n'était ni l'air ni le ton d'une femme élevée à l'école des arts, formée à l'école du monde. Sans goût dans sa parure, sans aisance dans son maintien, sans attrait dans sa politesse, son esprit, comme sa contenance, était trop apprêté pour avoir de la grâce.

» Mais un charme plus digne d'elle était celui de la décence, de la candeur, de la bonté. Une éducation vertueuse et des études solitaires lui avaient donné tout ce que la culture peut ajouter dans l'âme à un excellent naturel. Le sentiment en elle était parfait; mais dans sa tête la pensée était souvent confuse et vague. »

Marmontel lui reproche une tendance à l'hyperbole et à l'emphase et une absence complète de goût naturel. « Dans l'art d'écrire, elle n'estimait que l'élévation, la majesté, la pompe. » On comprend, d'après cela, quelle affinité naturelle a dû rapprocher si vite Necker de mademoiselle Curchod, lier si intimement le jeune ménage avec Thomas, et faire de madame Necker une si fervente admiratrice de Buffon.

La familiarité lui déplaisait jusque dans la conversation, et Marmontel se faisait un malin plaisir de risquer, comme par mégarde, des expressions simples et familières, tirées des tragédies de Racine, pour faire pièce à madame Necker de les avoir rebutées. Mais ces petites taquineries n'empêchent pas Marmontel de rendre justice à cette femme de bien. « On eût dit qu'elle réservait la rectitude et la justesse pour les règles de ses devoirs. Là tout était précis et sévèrement compassé; les amusements mêmes qu'elle semblait vouloir se procurer avaient leur raison et leur méthode. » Ce portrait est d'un ami, sans doute, mais d'un ami sans illusions et sans indulgence. Thomas, qui mettait plus de son cœur et moins de sa vanité dans sa liaison avec les Necker, a tracé de madame Necker un portrait plus idéal, dans son *Essai sur les femmes :* les grands traits de caractère sont les mêmes que ceux du croquis de Marmontel.

Pleine de tendresse pour son mari et d'admiration pour son caractère et ses hautes facultés, elle l'entourait d'une espèce de culte auquel elle voulait convertir tout le monde. Tous les soins qu'elle se donnait pour composer une société de littérateurs ne tendaient qu'à l'amuser et à le mettre en lumière. Les habitués s'en aperçoivent ; quelques-uns se plaignent du rôle qu'on veut leur faire jouer, ce qui ne les empêche pas d'être assidus aux dîners du vendredi, parce qu'après tout, comme le dit Grimm dans sa Correspondance, on fait cas de la personne de Necker et de celle de sa femme, encore que le talent de leur cuisinier laisse à désirer. Necker était présent, spectateur silencieux et froid, « hormis quelques mots fins qu'il plaçait çà et là ». Madame Necker soutenait la conversation de son mieux. « Inquiète, soucieuse, aussitôt qu'elle voyait le dialogue languir, ses regards en cherchaient la cause dans nos yeux. » Elle avait même la naïveté de s'en plaindre aux plus intimes des invités, ce qui lui valut un jour cette boutade assez vive de la part de l'un d'eux : « Que voulez-vous, madame, on n'a pas de l'esprit quand on veut, et l'on n'est pas toujours d'humeur à être aimable. Voyez M. Necker lui-même, s'il est tous les jours amusant. »

Si « M. Necker n'était pas tous les jours aimable », c'est que sur bien des points ses connaissances n'étaient pas à la hauteur de son esprit, et qu'il sentait la nécessité de ne pas se livrer. Avec des causeurs encyclopédiques comme Grimm, Diderot, d'Alembert, la conversation devait toucher à tous les sujets, et son éducation première ne l'avait pas également bien préparé sur tous. Mais, quand l'entretien se portait sur un terrain qui lui fût particulièrement connu, il prenait volontiers la parole et s'en servait bien. Il y avait à cette sorte de timidité une autre raison que l'on oserait à peine donner comme sérieuse, si l'on ne savait d'ailleurs que les plus grands esprits sont sujets parfois aux plus étranges faiblesses. Passé trente ans, Necker était devenu fort gros, et il avait la faiblesse d'en rougir et de se croire mis en scène et exposé aux railleries par cette disgrâce. Quand il fut plus avancé en âge, il poussa cette bizarre susceptibilité jusqu'à n'oser plus monter en voiture ni en descendre quand on le regardait. Ainsi, l'homme d'esprit qui avait composé un si joli traité du *Bonheur des sots* aurait pu, d'abondance, composer un autre traité sur le *Malheur d'être trop gros*. Il avait de plus conservé de sa vie solitaire un fond de sauvagerie apparente, qui ne l'empêchait pas d'être aimable au besoin, mais que le frottement de la société ne fit jamais complètement disparaître. Comme il était très fin et très observateur, il sentait vaguement que son goût n'était pas toujours sûr, sans pouvoir se préciser à lui-même le moment où il cessait de l'être. Il pressentait donc un danger, sans se rendre compte des moyens de l'éviter : aussi, malgré sa retenue, ne l'évitait-il pas toujours. S'il eût été Français d'origine, ou s'il eût épousé une Française, il n'aurait pas assisté sans sourciller, dans son salon, à la lecture de son propre éloge composé par sa femme. Et quel éloge ! Madame Necker y énumère toutes les vertus qui composent la perfection humaine, et conclut que Necker les a toutes, *mais pas comme les autres hommes*. Outre que l'éloge est excessif et déplacé, il arrive, par suite de ce procédé bizarre de composition, que le héros, perdu dans la multiplicité de ses attributs, n'apparaît plus que sous une forme gigantesque, vague et vaporeuse, suspendu entre ciel et terre, dans les nuages, comme les personnages d'Ossian. On se demande quelle figure pouvait faire celui qu'on encensait ainsi en face. Peut-être n'en éprouvait-il aucun malaise. En tout cas, l'éloge fut plus tard imprimé par ses soins, parmi quelques opuscules de sa femme.

Si Necker était froid et réservé en public, c'était donc par timidité et par crainte de se livrer : mais dans le particulier, c'était

MADAME NECKER VISITANT LES HOPITAUX.

le plus affectueux et le plus tendre des hommes : cela se voit bien à l'affection profonde et enthousiaste qu'il avait inspirée à sa femme et à sa fille. Ni l'une ni l'autre ne tarit sur sa bonté incessante et sur les soins qu'il se donnait pour rendre les autres heureux. Madame de Staël dit quelque part : « Depuis le moment où il s'est marié jusqu'à sa mort, la pensée de ma mère a dominé sa vie. » *Dominé* est le mot juste ; car tandis que les hommes publics de tous les temps, mais surtout ceux du dix-huitième siècle, laissent le monde et les affaires empiéter non seulement sur les habitudes, mais encore sur les devoirs de famille, on a pu reprocher à Necker d'avoir laissé les affections de famille se mêler à toutes les affaires les plus importantes. Sa femme, comme plus tard sa fille, fut non seulement son meilleur ami, mais encore son conseiller, son aide et son soutien. Tandis qu'il travaillait à débrouiller le chaos des finances, madame Necker s'occupait en personne des hôpitaux et des prisons, qui étaient alors dans le plus affreux désordre et dans le plus misérable état; il l'associe en personne à ses ovations publiques, comme le jour où il rentra en triomphateur à Paris, entre sa femme et sa fille, quelque temps après la prise de la Bastille; enfin il parle d'elle avec effusion, jusque dans des lettres officielles, comme au moment où, partant pour l'exil, il peint dans une lettre d'adieux à l'Assemblée, non pas sa propre douleur, mais le chagrin profond de madame Necker. Il ne se bornait pas à quelques prévenances banales qui, selon l'expression de madame de Staël, « doivent suffire, dit-on, à la condition subordonnée des femmes; c'était l'expression continuelle du sentiment le plus tendre et le plus délicat ». Vers la fin de sa vie, madame Necker était sujette à des insomnies, et pendant le jour elle s'endormait quelquefois sur le bras de son mari. Il restait immobile des heures entières, debout, dans la même position, de peur de la réveiller.

Necker eut la douleur de survivre à celle qu'il avait toujours trouvée à ses côtés dans la bonne comme dans la mauvaise fortune. Sa pensée était encore avec elle; on le voyait toujours errant autour du tombeau qu'il lui avait pieusement élevé à Coppet. Ni les instances de sa fille, ni l'envahissement de la Suisse par les armées du Directoire, ni les dangers qu'il pouvait courir comme émigré, ne purent l'arracher à ce coin de terre consacré par un si cher souvenir. C'est là qu'il s'éteignit doucement entre les bras de sa nièce, madame Necker de Saussure, pendant un voyage de sa fille à Berlin.

On trouva dans ses papiers deux écrits singuliers et touchants. Dans l'un, il se répète à lui-même toutes les raisons qu'il avait de regretter sa femme; dans l'autre, il s'interroge sur les preuves de tendresse qu'il lui a données pendant tout le cours de sa vie, afin de combattre en lui-même l'inconcevable crainte qu'il avait de ne pas avoir assez fait pour son bonheur. Plaisante qui voudra sur ces scrupules d'une excessive délicatesse, sur les formes un peu particulières qu'elle prend parfois, et sur quelques effusions indiscrètes ; le sentiment n'en restera pas moins profond, rare, et sacré pour tous les gens de cœur. — *Singulière famille que la nôtre!* s'écriait-il un jour. Oui, singulière, en quelque sens qu'on le veuille entendre, mais digne assurément de respect et de vénération. Les petits ridicules passent, les grands exemples restent. L'homme *vertueux* et *sensible* est un type historique, dont nous sourions parfois quand il met trop au dehors sa *vertu* et sa *sensibilité;* mais du moins, s'il pleure trop et trop facilement, encore pleure-t-il sur les autres aussi bien que sur lui-même. A tout prendre, combien n'est-il pas supérieur au type nouveau par lequel il a été remplacé vers le commencement de ce siècle ! Le héros à la Werther, drapé dans son orgueil et dans sa mélancolie, n'est qu'un égoïste vaniteux ;

il n'est tendre que pour soi, n'a de pitié que pour ses maux, le plus souvent imaginaires, et se tue comme un lâche, pour n'avoir pas senti que la vie est toujours bonne quand on la consacre à l'accomplissement d'un devoir.

FIN

BOURLOTON. — Imprimeries réunies, B.

BIBLIOTHÈQUE

DES ÉCOLES ET DES FAMILLES

4e SÉRIE

PRIX DE CHAQUE VOLUME : broché, 15 centimes.
Cartonné pour prix.................. 25 centimes.

BIOGRAPHIES D'HOMMES ILLUSTRES

DES TEMPS ANCIENS ET MODERNES

EN VENTE OU SOUS PRESSE (juillet 1881)

Solon.
Périclès.
Socrate.
Auguste.
Constantin.
Charlemagne.
Mahomet.
Pierre le Grand.
Washington.
Alexandre.
Annibal.
César.
Condé.
Turenne.
Napoléon Ier.
Cicéron.
Virgile.
Dante.
Shakespeare.
Corneille.
Voltaire.
Mirabeau.
Michel-Ange.
Nicolas Poussin.
Christophe Colomb.
Vasco de Gama.
Magellan.
Cook.
La Pérouse.
Livingstone.
Gutenberg.
Bernard Palissy.
Galilée.
Papin.
Watt.
Franklin.
Lavoisier.
Ampère.
Cuvier.
Arago.
Louvois.
Charles XII.

NOTA. — Ces volumes répondent au programme d'enseignement dans les lycées et collèges (classe préparatoire).

PARIS. — IMPRIMERIE ÉMILE MARTINET.

www.ingramcontent.com/pod-product-compliance
Ingram Content Group UK Ltd.
Pitfield, Milton Keynes, MK11 3LW, UK
UKHW012304240726
13966UKWH00004B/1612